Elizabeth Jiménez

Ilustrado por
Michael Ramirez

PRESS
Building a Bridge
Between Cultures

LALO
ISBN 1-88757-800-5

Para mi comadre
Marcia Vargas

*Y*o soy Lalo y tengo seis años. Soy alto y rubio con ojos pardos. Mi nombre completo es Eduardo León Jiménez, pero me llaman Lalo.

$\mathcal{V}$ivo en una casa con mi mamá, mi hermano
Salvador, mis hermanas María, Gabriela y Alexandra.
También vive con nosotros Patricia la señorita que
nos cuida cuando trabaja mi mamá.

Todos tenemos apodos.

Salvador es Chava.

María es Mari,

y las cuatitas son Xanda y Gaby.
Patricia es Paty y mi mamá... es mamá.

En mi familia
todos son morenos
menos mi hermana
Gaby, mi mamá
y yo.

*A*ntes, cuando mi papá vivía con nosotros, mi abuela, mi tía
y mis seis primos vivían aquí también. A veces mis primos
me hacían llorar porque me decían que no soy mexicano
porque no soy moreno. Me llamaban el güerito.

𝒰n día mis primos, Paco y Juan, me dijeron que si yo comiera mucho chile volvería ser mexicano y tendría pelo negro como ellos.

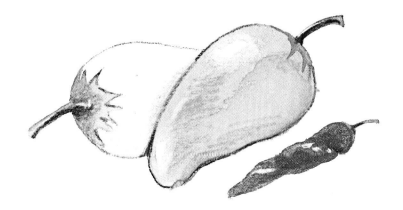

Esa tarde saqué dos chiles grandes del refrigerador y los mordí. Eché un grito de dolor y vino corriendo mi mamá. Me dio mucha agua para tomar.

Mi mamá regañó a mis primos por su travesura y me regañó a mí por haberles creído. Me dijo que no es el color del pelo ni comer el chile lo que hace a uno mexicano.

*M*e dijo que nací güerito porque soy su hijo y ella es güerita y nací mexicano porque mi papá es de México.

*Y*o soy Lalo y tengo seis años. Soy güerito, no me gusta el chile y sí, ¡soy mexicano!